AF463932

SUITE
AU RETOUR
DE
L'EMPEREUR.

SUITE
AU RETOUR
DE
L'EMPEREUR,

Par HYPOLITE de LIVRY.

A PARIS,

Chez { CHAUMEROT jeune, au Palais-Royal, galerie de bois, n° 188.
BARBA, galerie vitrée, derrière le Théâtre Français, n° 51.
Et tous les Marchands de Nouveautés.

15 Mai 1815.

SUITE
AU RETOUR
DE
L'EMPEREUR.

RÉPONSE AU MARÉCHAL DUC DE RAGUSE, SUR SON MÉMOIRE JUSTIFICATIF.

NON, Maréchal, vous n'êtes point justifié, puisque vous-même vous accusez.

Je veux croire, et j'adopte même avec ivresse, tout ce que vous dites avoir fait pour l'honneur, la Patrie et l'Empereur; mais quoique je ne place ici l'Empereur qu'en troisième ligne, il devait occuper la première dans vos déterminations, étant votre chef, et tenant de lui vos pouvoirs.

Tout se brise contre ce roc éternel et indestructible. Trahir son maître, trahir la confiance de son souverain, et de plus de son ami; distraire de ses moyens de défense la partie qu'il vous en a confiée, et l'exposer, par-là, au désastreux usage du reste, est ce que l'âme repousse avec le plus d'indignation, et ce que rien ne saurait justifier. L'horreur même dont est la chose en écarte toute atténuation.

Est-il permis de délibérer, quand on doit obéir (1)?

Et que peuvent les intérêts de la patrie (même infailliblement, le plus judicieusement envisagés), quand on ne peut les servir qu'aux dépens de l'honneur ???

Le premier sentiment de l'âme, (je l'ai deux fois établi) est le sentiment du devoir; et est-il un devoir plus sacré que de mourir au poste de la confiance, quand on l'occupe au moment de la justifier ???

On peut se démettre de la confiance, quand de grands intérêts, étrangers ou personnels à celui de qui on la tient, vous sem-

(1) C'est-à-dire, toutefois que l'obéissance se trouvant une conséquence immédiate de votre état, vous resserre, vous enchaîne dans les devoirs intégrals qui y sont attachés; et ne vous obligeant à rien d'excédant vos intentions contractives, n'est pas subordonnée au caprice ou à la tyrannie hétérogène de celui qui commande.

blent le comporter; mais on ne doit pas la trahir dans quelque cas que ce puisse être, même le cas où se trouvait le médecin de Coradin, ou Coucy à l'égard de Vendôme, le plus propre pourtant assurément, s'il en existait, à en justifier et à en autoriser la trahison, puisqu'ainsi que le prouve le résultat, ils n'agissaient que dans les intérêts de leurs maîtres, comme dans ceux de la justice et de l'humanité.

Peut-être je m'exagère, le respect *inviolable*, à mes yeux, et *illimité* qu'impose la confiance ; mais telle est la force de ce sentiment en mon âme, et la profondeur de ses racines, que rien dans la nature n'est capable de l'y ébranler : le monde et moi, bien sûrement, périront avant qu'il n'en sorte. Or, comme ce n'est certainement pas moi qui l'y ai placé, qui l'y ai établi de cette façon, il y a lieu de croire que son principe part de plus loin que mon organisation, et que ses effets se trouvent ailleurs, quoique malheureusement, à la honte de notre triste espèce, dans fort peu d'endroits, ce qui ne manquera pas de me valoir encore, à cet égard, l'épithète d'exagéré.

Je pourrais sauver l'*univers entier* par une perfidie (je l'ai aussi consacré) ; je ne la ferais pas. J'ai peut-être encore tort en cela ; mais si j'avais raison, par hasard, voyez, Monsieur, combien vous auriez tort, vous qui ne vouliez sauver que la France, dont la disproportion est si immense avec le contenu de l'espace.

Je le répète, Maréchal, j'embrasse avec ivresse l'idée que vous voulez donner de tout ce que vous a fait faire votre dévouement à la patrie. Cette seule phrase, si elle émane de vous, suffirait pour m'y faire croire.

« Où est donc le principe de mes actions? Dans un ardent amour de la patrie, qui a toute la vie maîtrisé mon cœur, absorbé toutes mes idées. »

Cette phrase a la couleur qu'elle doit avoir ; elle porte sa conviction avec elle. Ce ne sont pas donc vos intentions, Monsieur, que j'attaque ici, c'est votre âme, qui, égarée par trop d'amour de la patrie, et brûlant de trop de feux pour elle, ne s'est pas trouvée assez embrâsée de l'amour du devoir, qui passe avant toutes les patries, et qui, comme vous le dites fort bien, absorbée par une idée unique, ne vous a pas fait envisager la fidélité à la confiance comme le premier de tous.

Le but ne saurait jamais justifier le moyen. C'est encore une de ces maximes insignifiantes auxquelles depuis dix ans les journalistes refusent la circulation, et qui, pour le salut de la France, ne vous est sans doute pas parvenue; car je pense assez bien de vous pour croire que vous l'eussiez adoptée, et qu'au lieu d'affaiblir l'Empereur de troupes, déjà, de votre aveu, beaucoup trop faible sous ce rapport, vous vous seriez contenté tout au plus de l'affaiblir de votre seule personne, s'il ne se fût pas rendu à vos observations pacifiques; puisque n'ayant pas la certitude que cette défection l'obligeât à renoncer à son projet, vous l'exposiez, en cas de consommation, à une perte certaine, et en cas d'abandon, à la difficulté de traiter convenablement avec des débris qui ne pouvaient plus en imposer.

En tout je ne vois pas, sauf la garantie que vous avez stipulée pour sa personne, que vous ayiez pris à la cause de l'Empereur tout l'intérêt dont elle était susceptible, entr'autres dans un pareil moment où tout devait aboutir à elle. Et puis je vous avoue, que bien que les fautes militaires, et les combinaisons illusoires que vous reprochez à l'Empereur, ne fussent pas totalement étrangères à votre mémoire, je ne vois pas assez le rapport rigoureux dans lequel elles se trouvaient avec votre justification, pour me paraître ce qu'il y avait de plus propre à la produire, et pour vous absoudre de les lui reprocher, après en avoir si cruellement porté la peine, qu'elles dérivassent ou non de son fait; et il me semble que, vous bornant à tout ce que vous dites d'avantageux sur le compte du roi, que vous n'avez servi que quelques mois, et qui ne vous avait fait que son capitaine des gardes, vous eussiez dû vous abstenir de tout ce que vous dites de contraire sur l'Empereur qui vous avait fait tout ce que vous êtes (1).

C'est mal aller au-devant d'une faveur que l'on m'a dit qu'il était prêt à vous rendre, et dont, au surplus, j'aime à le penser, ces réflexions, si elles vous parviennent, vous rendront plus digne.

(1) Ce que vous lui reprochez fût-il même aussi vrai, que tout concourt à le faire croire faux.

SUR L'AUTRE CAPITAINE DES GARDES.

Quant à vous, M. Berthier, prince de Wagram, c'est autre chose. Si vous n'avouez pas avoir trahi l'Empereur avant la perte de sa cause, vous l'avez si ostensiblement, et si scandaleusement trahi après, que, toute horrible que soit l'hypothèse, on peut se livrer à la supposition, qu'au moins quelques ébranlements précurseurs de votre fidélité, en avaient devancé la ruine. De même qu'un monument bien étayé, et bien cimenté dans toutes ses parties, n'écroule pas tout-à-coup, de même on ne passe pas ordinairement, sans gradation, de la plus ardente amitié, à la plus monstrueuse ingratitude.

Précéder le cortège de celui qui vient prendre la place de son souverain et de son ami, de l'homme qui l'avait occupé si glorieusement, défendu si vaillamment, et perdu par le triomphe des plus atroces combinaisons, est bien sûrement un spectacle que le ciel n'avait point encore offert, et n'offrira vraisemblablement plus.

Vous concevra, Monsieur, qui pourra ; moi, qui ne me pique pas de cette faculté, je vous avoue au-dessus de mes forces ; la nature ne m'a point fait d'organes qui aillent jusqu'à vous ; vous m'échappez pour le moins autant que votre ancien maître, et ce n'est cependant pas peu dire.

Ne pas faire pour l'Empereur ce que le dernier de ses soldats eût brulé de faire ; pouvoir l'abandonner dans un pareil moment, n'eût pas déjà laissé, de votre part, que de donner un peu d'occupation à mon intellect ; mais, avec 1,500,000 livres de rentes surtout, faire entrer solennellement dans la capitale de celui de qui on les a reçues, l'homme, qui se glissant derrière les revers et la trahison, vient le dépouiller de ses états, voilà ce qui se joue des facultés de cet intellect, et me réduit à l'horreur pour toute ressource.

Si j'ai tardé jusqu'ici à vous exprimer ce sentiment, croyez que ce n'est pas l'impression qui m'a manqué, c'est la sûreté et l'occasion. Je crois bien, par exemple, que dans le premier moment, même avec toutes facilités et toutes garanties, je n'eusse pu vous rendre tout ce que j'éprouvais de votre conduite (1); car outre qu'il me fallut pas mal de temps et d'attestations pour y croire, elle comprima tellement tous mes moyens, elle paralysa à tel point tout le moral de mon être, quand il ne me resta plus qu'à la concevoir, que j'eusse fort inutilement tenté alors de vous en faire connaître tout l'effet sur moi. Il ne m'était pas aussi facile de surmonter de tels obstacles, qu'il vous l'avait été de les faire naître, par un choix de procédés qui restera toujours sans exemple comme sans explication. Toutes les âmes ne se dégagent pas aussi aisément de certains effets que certaines autres ne les amènent : il n'est pas donné à tout le monde de pouvoir se rele-

(1) A laquelle j'étais si peu préparé, qu'avant qu'elle n'eût lieu, j'ai été dix fois au moment d'aller vous parler, et vous entendre parler de l'Empereur, sous les auspices de l'intérêt que je lui portais, et vous prier de lui transmettre (si comme je l'espérais encore, vous retourniez auprès de lui), tout celui que je prenais à son sort, et mon besoin de le partager.

ver tout de suite d'un coup de massue ; de pouvoir, au premier jet des plus grandes horreurs, en analyser la sensation, expliquer et rendre à l'instant, ce que les âges n'ont jamais offert, et ce que les âmes n'ont jamais éprouvé.

Si vous avez voulu, Monsieur, trancher pour votre compte dans ce siècle, qui tranche déjà lui-même dans tous les autres, quitter le second plan où vous étiez très-noblement placé, pour occuper le premier où il n'en est pas tout-à-fait de même, vous ne pouviez assurément prendre un meilleur moyen, car je ne vois rien de plus propre à vous détacher de la foule des humains, et à fixer à jamais sur vous leurs regards étonnés, que le rôle que vous avez joué dans l'entrée triomphale de votre nouveau maître, quand vous pouviez encore entendre les soupirs de celui que vous abandonniez, et de vous être enchaîné par votre place à sa personne, quand le malheur avait encore augmenté les liens dont la reconnaissance seule aurait dû vous attacher pour toujours.

SUR L'HÉRÉDITÉ DES PAIRS, ET LE JUGEMENT, PAR LEUR CHAMBRE, DES MEMBRES QUI LA COMPOSENT.

Je ne suis pas à tel point ébloui des rayons de l'astre, qui après un an d'éclipse, est revenu briller sur nos têtes, que je ne puisse discerner quelques taches passagères sur ses émanations lumineuses.

Cette hérédité des pairs me contrarie infiniment; elle ne me semble en aucun rapport avec les principes libéraux, et les garanties sociales sur lesquelles on veut baser le bonheur de la France; et puisque la faculté d'exprimer sa pensée, en tout ce qui ne porte pas d'atteintes à la vérité, est une des heureuses conséquences de ces principes, je n'en enchaînerai sûrement pas l'usage, quand d'aussi puissants intérêts en réclament l'exercice.

Ce qui me presse d'autant plus de m'expliquer à cet égard, c'est que ne voyant pas plus d'avantage pour l'Empereur que pour la France dans ce projet, je crains que son exécution ne fasse planer sur sa tête un soupçon de personalité (1) auquel il me serait extrêmement pénible de le voir en but, après tant d'actes de dévoûment, ou plutôt une vie toute dévouée au pays qu'il gouverne, à qui il donne en ce moment même de si nobles et de si touchants témoignages du maintien de cette disposition en son âme; de sorte, que comme l'ignorance où je me trouve des raisons qui ont pu lui faire adopter ce système, poser cette base constitutive, me laissent sans éléments locaux pour sa défense, je n'ai d'autre ressource, pour soutenir sa cause, que de lui offrir les moyens de la rendre meilleure, par la présentation des raisons

(1) En ce qu'on pourrait croire, qu'en favorisant autant les pairs, il n'a eu en vue que de se les attacher davantage, en fortifiant les liens qui les unissent à lui; ou bien d'étayer de leur hérédité celle de sa couronne, qui, sans la leur et celle des nobles, se trouvant isolée, pourrait peut-être un jour, au mépris de la constitution qui la consacrerait, et de l'empire de son nom qui l'imposerait, recevoir quelque échec.

propres à le faire céder sur ce point essentiel au vœu qui m'a paru être général, et à lui faire retirer cette poutre de l'échafaudage de notre sécurité, qui seule suffirait pour en faire écrouler toute la construction.

Mais, si je n'aperçois pas les aspects qui ont pu décider l'Empereur à se mettre jusqu'ici en opposition avec ce vœu, je ne connais pas davantage ceux qui lui ont été offerts, pour l'y ramener, dans les écrits que l'on m'a dit avoir déjà eu lieu sur ce sujet : ainsi, c'est donc de mon sentiment propre, auquel il m'a été facile de m'en tenir dans une chose autant à la portée de ses facultés, que je tirerai les arguments que j'ai à produire, et contre l'hérédité des pairs, et contre l'article 16 portant le jugement de leurs membres par leur chambre.

Sur le premier point, j'aurai d'abord à opposer, comme chacun l'imagine, la décadence de la nature, qui retirant fort souvent au fils la capacité et le mérite qu'elle accorda au père, livrerait toutes les générations aux hasards des naissances et des éducations ; ensuite, qu'en mettant les plus importantes places à la merci des gens les moins faits pour les occuper, on en exile les personnes les plus propres à les remplir, et on tue l'émulation que le desir de les mériter exciterait.

En vain on objecterait l'illimitation du nombre, puisqu'outre que cette illimitation ne pourrait pas s'étendre, vu les facultés de l'état, insusceptibles de coïncider avec l'hérédité, jamais décroissante dans les accroissements nominatifs, à plus de deux ou trois siècles, elle ne parerait, pendant leur cours, qu'aux deux derniers résultats.

Quant au second point, il n'est encore personne qui ne sente que ses inconvénients découlent principalement de ceux du premier; car si la composition de la chambre finit par devenir décidément mauvaise, quels jugements équitables pourrait-on attendre de ses membres, surtout quand ils auront un intérêt égal à s'absoudre mutuellement?

Mais, quoique l'abolition de l'hérédité affaiblirait de beaucoup les dangers de cette jurisprudence privilégiée, elle en laisserait subsister encore assez pour alarmer à justes titres les esprits, déjà trop peu rassurés sur l'équité des jugemens humains, de quelques tribunaux qu'ils émanent, pour avoir une entière confiance dans ceux où l'intérêt personnel pourrait avoir autant d'influence, et prendre une aussi grande part.

D'ailleurs, l'égalité des droits étant reconnue, l'égalité de l'action de la loi en est une consequence immédiate ; et puisque, hors de leurs fonctions législatives, les pairs rentrent dans la classe commune, ils doivent être soumis au même code, et dépendre des mêmes tribunaux que le reste des citoyens.

Je crois qu'un plus long développement sur cet objet devient superflu ; car, qui pourrait, à la vue de ces principes, ne pas saisir la chaîne de toutes les conséquences importantes qui s'y lient, et même ne pas en apercevoir très-distinctement tous les anneaux ; et de quelques raisons qu'on puisse étayer le système de l'hérédité des pairs, et de leur investissement des délits de leurs membres, je doute extrêmement qu'aucuns aspects puissent l'emporter sur ceux-ci, aux yeux de la raison, de la justice, de la vérité, et du desir du bien général.

PROPHÉTIE AVANT L'ÉVÉNEMENT.

Tous les rois auront beau se coaliser contre l'Empereur, il aura toujours sur eux l'avantage que la veille a sur le sommeil. Les Rois dorment sûrement un peu plus que Napoléon; leurs ministres ne s'en gênent sûrement guère plus ; de sorte que lorsque l'Empereur n'aurait même pas son génie pour décider la question en sa faveur, il lui suffirait de son activité pour l'emporter sur tous les ennemis de son repos. Qui pourrait vaincre celui qui, vainquant la nature, médite la nuit et exécute le jour ; qui, au bout de quinze ans, en a régné trente, et plus de mille de beaucoup d'autres ???

Quoi de comparable à ce mouvement sublime qu'imprime l'Empereur sur tous les points de la France, et qui en six semaines en change toute la face??? Ah! comment y a-t-il des êtres assez enfoncés dans l'avilissement, assez comprimés dans leurs organes, ou dans leurs idées, pour ne pas être émus d'un tel spectacle; pour se nourrir de haine contre un homme qui fournit tant d'aliments d'amour, ou au moins d'enthousiasme; et qui devrait au moins désarmer par l'ensemble de sa grandeur, s'il ne le fait pas par chaque acte qui en émane, et la constitue à l'envie??? Comment résiste-t-on à tant de choses subjugantes??? Comment ne plie-t-on pas sous de tels efforts??? Comment les Bourbons ont-ils encore un ami, et Napoléon un ennemi???

Et c'est à des morceaux de parchemin, ou a des morceaux de ruban qu'on donne la préférence sur un tel homme!!! On préfère le titre de marquis ou de comte, au titre de sujet d'un tel roi!!! Assurément, s'il fût resté quelques doutes sur la sottise humaine, je distingue mal ce qui eût été plus capable de les lever.

L'Empereur ne part pas d'assez loin, selon ces Messieurs (1); ses ancêtres n'ont

---

(1) Et les Rois qui ne veulent pas admettre de soldat dans leur rang, quand ce soldat est présumé faible, l'admettaient bien dans leurs familles quand on avait quelques raisons de le présumer fort.

pas occupé le trône, c'est donc à tort qu'il siége sur celui de la France. Quelle profonde logique ! comme si chaque chose en ce monde n'avait pas eu un commencement. Je voudrais bien savoir si les Bourbons venaient d'une côte divine, ou étaient seulement des fragments du soleil : et s'ils n'avaient, comme l'Empereur, que le néant pour origine, si Hugues Capet n'avait jamais eu d'autre père que celui-là, ne remontait pas plus haut que cela, pourquoi trouverait-on leur occupation du trône plus légitime que la sienne, et pourquoi voudrait-on à toute force, et contre toute raison, les maintenir dans une place où ils n'ont pas su se maintenir, et d'où, en moins de vingt-deux ans, ils ont écroulé deux fois, malgré toutes les baïonnettes européennes ?

Certes, je n'imagine pas que jamais origine royale fût plus illustre que celle-ci ; je ne pense pas que personne, de tradition comme d'annales, ait jamais monté au trône par de plus nobles degrés, s'y soit assis avec plus de pompe, y soit resté avec plus d'éclat, en ait descendu avec plus de dignité et d'intérêt, et y soit remonté avec plus de lustre et d'ivresse.

Je crois qu'on peut fort bien se passer d'aïeux en pareil cas, et qu'un premier pareil vaut bien un 18me.

S'il existait des écrous pour le trône, plus que pour aucunes choses de ce monde, quels rois en pourraient jamais posséder de meilleurs éléments que Napoléon, qui a réuni en sa seule personne tous les genres de gloire qu'ont acquis, ou auxquels ont pu aspirer la multitude d'hommes dont le sceptre a régi les peuples, et qui les a réunis à un degré respectif dont la foi des générations pourra fort bien se ressentir.

L'Empereur, sans compter tout ce qu'il fera, si on lui donne un moment de relâche(1), a déjà fait, non seulement tout ce qu'on a fait, mais encore tout ce qu'on a pensé ; c'est le Voltaire de la royauté, duquel je viens de dire dernièrement.

« Non seulement son génie embrassa tout » l'espace de la littérature, mais il en attei» gnit toutes les hauteurs : il ne fut pas moins

(1) Que ne fera pas dans la paix un homme qui a tant fait de choses dans la guerre.

» étonnant par l'élévation de son vol, que » par l'envergure de ses ailes. »

Quoique, dans ma dernière brochure, j'aye placé l'Empereur au-dessus de tous les parallèles, je ne crois pas me démentir par celui-ci, quelque juste même que je le reconnaisse, puisque je suis obligé de le prendre dans une autre catégorie que la sienne, et qu'il ne porte d'ailleurs que sur deux de ses aspects, son élévation et son universalité.

Les Rois et les Royalistes auront beau s'évertuer, chacuns dans leur genre, les uns de soldats, les autres de langue; ils auront beau réunir leurs efforts, tant au-dehors qu'au-dedans, je n'imagine pas qu'avec l'impulsion que par sa présence, et son inconcevable activité, l'Empereur vient de donner a toute la France, elle puisse de longtemps subir le joug où l'on veut l'assouplir; les Rois en seront pour leur armement, les Royalistes pour leurs contes et leurs desirs, et tout restera, ou finira par rentrer dans l'ordre que l'on a voulu intervertir.

En dépit de tous les systèmes, de tous les commérages, de toutes les idées absurdes ou rétrécies, de toutes les troupes levées ou imaginées, de toutes les menées, de tous les préjugés, de toutes les sottises, de toutes les calomnies, de toutes les atrocités, de toutes les espérances, le sceptre de Napoléon resplendira sur toute la France, qui se reposera enfin à l'ombre de ses lauriers.

CONJECTURES DE BOURSE.

Allons, allons, il paraît que nous nous en tirerons ; qu'on permettra à l'Empereur de rester chez lui, et qu'on voudra bien nous laisser tranquilles chez nous. Il paraît qu'on n'avait pas très-bien calculé, malgré toutes les données qu'on avait sur cela, ce que peuvent rapporter six semaines dans les mains de l'Empereur ; qu'on ne le trouve pas tout aussi écrasable qu'on l'avait jugé d'abord, et qu'on commence à craindre que le ver, sur lequel on voulait marcher, se soit formé, depuis la manifestation de ce noble projet, un corps assez long et assez fort pour enlacer les jambes, dont les pieds se destinaient à l'anéantir.

Rien de mieux pour gagner la paix que de jouer à la guerre ; cette tactique est infaillible, surtout pour qui joue bien de toutes manières à ce jeu, de dispositions comme de fait. Peut-être ce résultat contrariera beaucoup de gens ; mais outre qu'ils finiront sûrement par s'y faire, comme il est bien au moins aussi probable qu'il en arrangera beaucoup d'autres, ici du moins il se trouvera ce qui ne se présente pas toujours ailleurs, des compensations.

On assure encore (1), et voyez ce qu'on gagne à ne pas trop dormir, à n'être guère plus de temps au lit qu'à table; on assure que l'Empereur aura même la faculté de revoir sa femme et son fils; qu'il sera permis à l'Impératrice de France d'habiter ses états, et au prince héréditaire de venir apprendre à gouverner les siens à l'école paternelle.

---

(1) On ne l'assure cependant pas tant à présent, ce qui va peut-être nous obliger d'aller à Vienne pour la quatrième fois (et j'espère la dernière) chercher la confirmation des bruits de Bourse (*).

(*) Et assurément, d'après la lettre de l'Empereur aux souverains de l'Europe, je n'imagine pas qu'aucun d'eux se trouve très-fondé à se plaindre de ce résultat accoutumé (sauf la conservation) de leurs attaques.

Quand on ne s'est pas pacifié à un appel aussi pacifique, quand on a pu faire un pas hostile de plus après la lecture d'une pareille lettre (qui sûrement sans exemple, comme son auteur, en porte si bien l'illustre empreinte), on s'est mis hors de toutes récriminations comme de tout intérêt, et on s'est placé sous l'anathème de tous les peuples et de tous les siècles.

Que de bonté est donc survenue tout-à-coup dans l'âme autrichienne de François II ! Quel changement aussi rapide que prodigieux s'y est opéré ! Quoi ! serait-il donc bien vrai que ce prince débonnaire, que ce tendre père, que ce cœur généreux et si reconnaissant, rendu à tous les sentiments qu'il avait si héroïquement immolés au bien-être de ses peuples (du moins selon M. de Talleyrand, je ne lâche pas mon auteur), toujours prêt à tous les sacrifices que sa grande âme lui commande, se dispose à présent à immoler à son tour ce même bien-être, à ces mêmes sentiments qu'il lui avait si noblement offerts en holocauste ?

C'est vraiment trop beau, et certes, si depuis quelque temps on ne nous avait pas accoutumés aux prodiges de toute nature, je ne serais pas médiocrement embarrassé de croire à celui-là. Il faut que tout-à-coup, jaloux de la grandeur de son gendre, le beau-père se soit senti gagné d'une noble émulation, et ait voulu devenir un peu plus de la famille à laquelle il n'avait pas laissé que de se rendre suffisamment étranger.

Ce qui me charme le plus en lui, et ce que j'y admire davantage, c'est la rapidité de ses transitions. Arriver au beau est sûrement toujours très-méritoire, quelque temps qu'on consacre au trajet; mais après s'en être éloigné à ce degré, y revenir avec une telle célérité, franchir, dans un si faible intervalle, l'incommensurable distance qui sépare le juste de l'injuste, le vrai du faux, le respect de tous les sentiments, de leur mépris, c'est assurément ce qu'on ne pouvait voir qu'au dix-neuvième siècle, où tout est marqué du sceau miraculeux.

SUR L'URGENCE D'EXPULSER, OU AU MOINS D'ENCHAÎNER, LES ÊTRES AFFREUX, DÉCIDÉMENT ATROCES.

Ce n'est pas une légère affaire que de se trouver sur le même sol, d'être éclairé du même astre, d'être alimenté des mêmes substances, d'habiter les mêmes lieux, d'être régi par les mêmes lois, d'être asservi aux mêmes besoins, assujéti en tout au même sort, et surtout d'être revêtu des mêmes formes extérieures (ce qui nous vaut tout cela), que de certains êtres dont, intérieurement, on ne diffère pas moins que ne le font la lumière et les ténèbres.

Voilà bien sûrement le plus dur lot de l'humanité ; je ne sais trop même si je dois en excepter la mort, qui perd beaucoup par lui de sa rigueur.

Ce sort est d'autant plus horrible, que nous ne sommes pas dans la stricte obligation de le subir dans toute sa teneur, et qu'il nous accable alors en proportion des moyens que nous apercevons, sinon propres à nous en affranchir en totalité, du moins à nous en sauver la meilleure partie par une ligne de démarcation bien prononcée, et une distance bien observée, qui nous séparerait autant de ces êtres affreux, que des vipères dont ils ont tout le venin, et des hyènes dont ils ont au moins la férocité; et qui nous délivrant pour jamais de leur affreuse présence, et par conséquent de leurs horribles atteintes, réduirait, à notre seule communauté de conformation, nos rapports avec eux (1).

Sûrement notre position présente plus d'un aspect affligeant; il serait difficile d'avoir arrangé les choses d'une manière moins appropriée à nos intérêts. La mort frappant indistinctement sur tous les êtres doués de la vie, n'épargnant pas davantage

(1) Rapports que le laps de temps pourrait peut-être même nous sauver, en finissant par leur faire, au moyen des accouplements, une figure plus annexée aux retraites sauvages qui leur seraient allouées, et où ils pourraient s'associer de toutes manières, d'une façon absolument conforme à leur hideuse nature.

ceux qui ont le plus de titres à sa conservation, que ceux qui en sont le plus dépourvus ; le malheur, la souffrance, les peines de toute nature, les maux de toutes espèces, harcelant sans cesse notre frêle organisation, nous livrant à de perpétuelles tortures ; nos desirs presque toujours contrariés, nos besoins fort rarement satisfaits, un présent sans avenir, un passé sans douceur, ferment pour toujours nos yeux au bonheur, ne nous laissent guère que le malheur pour horizon ; mais quelque affreux que soit ce sort, nous pourrions peut-être le supporter, en tout ce qui nous vient d'une cause inabordable, d'une source intarissable ; mais il n'en est pas de même de ce qui nous vient de nous, du défaut d'emploi que nous faisons de nos facultés, de la limitation de nos pouvoirs, de notre négligence à écarter de ce sort tout ce qui peut en accroître l'horreur.

Je sais bien que la société humaine n'est pas organisée à l'avantage du petit nombre de gens honnêtes qui s'y trouvent, et que s'il fallait en exclure tout ce qui peut être préjudiciable à ce trop faible nombre, indépendamment des difficultés que pourrait présenter une telle épuration, elle réduirait d'une si sensible manière la partie civilisée des hommes, qu'il n'est pas fort assuré qu'elle survécût à un semblable affaiblissement : mais puisque les principes élémentaires de nos êtres, qui nous vouent aux fâcheux résultats de leur imperfection, ne comportent pas un bienfait de cette étendue, puisque nous ne pouvons pas retrancher de l'arbre de la civilisation toutes les branches carriées qui s'y trouvent, sans craindre d'en compromettre la tige, ne serait-il pas bien juste au moins, et bien naturel, que ceux qui ont la cognée en mains en fissent le plus salutaire et le plus légitime usage contre ces branches tellement pourries, que leur amputation, loin de préjudier à l'arbre, ne servît qu'à son développement et à la beauté de son ombrage, avec lesquels ces horribles branches seront toujours, par leur nature, en opposition, ainsi qu'avec l'intérêt partiel des autres branches qu'elles fatiguent sans cesse de leur voisinage incommode, tyrannique et déchirant?

Mais de tous ces êtres malfaisants, dont l'âme, le coeur et l'esprit, stationnés toujours par eux sur la roue, réclament avec le plus d'ardeur l'éloignement tutélaire, en est-il qui se présentent plus immédiatement sous la pensée, que ces monstres littéraires, dont chacun connaît l'odieux ministère, le sanglant tribunal, qui abusant de l'affreuse prépondérance que les plus étroits rapports de méchancetés leur ont acquis sur un public toujours avide du fiel qui dégoutte de leur plume, quand elle n'a pu tremper dans l'eau du Potose, livrent sans pudeur les meilleurs produits de la raison, de la morale et du sentiment (dont leur seul but est d'étouffer les germes, antipathiques à leur levain), aux railleries d'une multitude corrompue, accoutumée à ne puiser son opinion qu'à leurs sources empoisonnées, et à ne voir les objets que par le prisme mutilateur et dérisoire qu'ils lui présentent.

A présent qu'on va s'occuper de l'amélioration de notre sort, régulariser le code protecteur de nos communs intérêts, briser tous les sceptres tyranniques, et poser de meilleures bases de prospérité nationale, que pourrait-il y avoir de mieux annexé à la circonstance, de plus direct au but où l'on veut arriver, que la création d'une commission permanente, intégralement liée à ce code, composée des gens de lettres les plus distingués et les plus probres, et toujours accessibles aux réclamations des auteurs maltraités de silence, ou d'analyses par ceux chargés d'éclairer l'opinion publique sur les ouvrages de leur ressort, et non de la tromper comme ils le font sans cesse?

Soumis, à leur tour, par cette institution, à une censure plus équitable que la leur, ces censeurs monopolistes se trouvant resserrés dans les limites de la justice et de la vérité, qu'ils franchirent toujours sans scrupules, seraient obligés de s'en tenir aux seuls émoluments de leur place, et de renoncer, pour la conserver, à l'impôt frauduleux établi par la cupidité, et payé par la bassesse.

Alors, on pourrait gratis, et sans obstacles, dire la vérité aux hommes, leur inculquer les sentiments d'honneur qui vous gouverneraient, les rendre un peu plus indigènes qu'ils ne le sont, à la raison et à la morale, et leur parler, pendant le peu de temps qu'on respire, le langage du sentiment, sans l'exposer aux railleries atroces de monstres qui ne le connurent jamais, ou ne balancèrent jamais à en étouffer les impressions sous le poids des lingots.

Ce que j'écrivais, il y a sept ou huit ans, à un de mes amis, sur le compte de ces concussionnaires littéraires, vient trop à l'appui de mon système de répression pour ne pas l'en étayer de la publicité.

Ce serait s'élever par des dégrés bien bas, lui disais-je, que de mendier ou de payer le suffrage des journalistes.

Si j'étais capable de payer mon éloge, ou de l'obtenir par tout autre moyen désavoué de l'âme, mes livres n'auraient pas lieu, puisqu'alors je manquerais du principe auquel ils doivent les trois quarts au moins de leur contenu.

Ils ont beau jeu de m'attaquer, je leur ai mandé que je ne me défendrais plus. Ces messieurs ne se piquent pas de beaucoup plus de délicatesse dans leurs procédés, que de loyauté dans leur censure; ce ne sont pas là leurs vertus favorites.

Quoique nous ne soyons assurément pas dans le siècle de la galanterie, les femmes trouveront encore plus de défenseurs que les apôtres de la raison et de la morale. Au reste, je n'écris pas pour les journalistes, ni pour ceux qui les écoutent; je n'écris que pour le petit nombre de ceux en état de me sentir et de me juger, mais dont malheureusement ils me séparent tant qu'ils peuvent, en me séparant de la foule qu'il faut percer pour arriver à eux.

L'audace des journalistes, cependant, m'étonne encore moins que la sottise de ceux qui les croyent : il est inoui que, s'en gênant aussi peu pour ménager l'opinion, ils soient parvenus à s'en rendre l'arbitre; il fallait qu'ils connussent bien le terrain sur lequel ils marchaient, pour avoir osé le parcourir avec si peu de précautions; et il faut avoir un grand fond de confiance pour pouvoir en accorder toujours à des gens qui ne vous payent jamais de vos avances; qui, lorsqu'on ne les paye pas eux-mêmes, ne citent d'un livre que les passages propres à donner carrière à leurs plaisanteries, et de la plus grande discrétion sur le reste, mettent dans l'oubli tout ce qui pourrait en attester la bonté.

Comment pourrait-on juger du mérite d'un ouvrage, qui en recèlerait, sur des fragments isolés, souvent altérés, toujours astucieusement présentés, et dont le sens devient, par l'effet de ce travail, et leur séparation des parties qui y sont liées, à la disposition du citateur, surtout lorsque les citations de ce citateur déloyal tombent entre les mains de gens dont l'attrait pour la méchanceté se combine avec elles, et en favorise le succès.

Il est inconcevable qu'après tant de preuves acquises de la vénalité des journalistes, et de la partialité de leurs jugements, on puisse encore se laisser influencer par eux. C'est une chose que je ne comprendrai jamais, quelque imbu que je sois de ses éléments. Au moyen de cette foi aveugle (plus ferme encore que la foi religieuse, qui n'a au moins à triompher que d'une évidence morale), le sort de la littérature se trouve entre les mains de ces Messieurs; car en usant aussi frauduleusement qu'ils le font de leur privilège de censeurs, en ne citant d'un mauvais ouvrage, lorsqu'ils sont payés, que le seul bon passage qui s'y trouve, et en ne citant d'un bon livre, lorsqu'ils ne le sont pas, que la seule phrase imparfaite, ou donnant prise à la plaisanterie, qu'il renferme, ils expulsent de la carrière des lettres ceux qui auraient pu la traverser avec honneur, et livrent leurs lauriers à ceux à qui il ne revenait que des chardons.

Autant la critique est utile quand elle est bien exercée, autant elle est nuisible quand elle l'est mal, puisqu'en décourageant ceux qui ne la méritent pas, elle sèche en eux le germe d'un talent qui aurait pu, par des encouragements, recevoir les plus brillants développements. Une ame élevée, un esprit distingué, ne s'accoutument pas à l'injustice; la sottise seule pourrait s'y faire, s'il était possible qu'elle en éprouvât les effets.

L'art de dire avec esprit de mauvaises choses, de tout dérisionner, est un art plus pernicieux (principalement quand on plane sur l'opinion, quand, occupant les hauteurs de la littérature, on s'est rendu maîtres de tous les passages), et ce n'est malheureusement que celui-là que messieurs les journalistes professent; tous écrivent bien, mais tous écrivent sans foi, sans pudeur, sans loyauté; ennuyés probablement d'être victimes, ils se sont faits sacrificateurs (1); car je ne vois point d'auteurs

(1) Certes je n'imiterai pas leur exemple; car

(du moins bien peu), et je ne vois que des journalistes ; aussi n'ayant plus d'objets de leurs critiques, ayant mis tous les écrivains hors de combat, ils en sont réduits à se faire la guerre entr'eux, pour se conserver des abonnés et entretenir leurs loisirs. Cependant, au défaut de vivants, ils ont quelquefois été attaquer les morts; mais comme ceux-ci, tout morts qu'ils étaient, se défendaient fort bien ; ils n'ont pas osé s'y frotter souvent, de peur de se voir à leur tour désarçonnés. La partie n'est pas si belle avec une réputation faite, qu'avec une réputation à faire.

Les journalistes ne sont pas seulement les destructeurs de la littérature, en la mettant à l'encan : ils sont encore, et plus particulièrement, les vers rongeurs de la morale, du sentiment et de la raison. Aussitôt qu'ils s'aperçoivent qu'un livre paraît tendre à en rétablir les bases, ils en déchirent sans pitié les pages ; jamais, sur cet article, leur vigilance n'est en défaut; ils savent trop

s'il me fallait opter entre le métier de mouchard et celui de journaliste, je me trouverais dans le plus étrange embarras où l'on puisse jamais se trouver. Si je n'avais pas un pistolet, ou un équivalent, pour m'en tirer.

bien que c'est à cela que leur sort est attaché, et que le retour de l'honneur et du bon sens renverserait leurs trépieds, pour ne pas entraver de tous leurs moyens une révolution si redoutable pour eux, et qu'ils ont d'autant plus beau jeu pour prévenir, que paraissant seuls dans l'arêne, où ils vous immolent tout à leur aise, au lieu de vous combattre, ils ne redoutent rien de vos cris impuissants, qui ne sauraient perçer l'étroit espace où ils vous tiennent renfermé.

Politiques adroits, ils flattent le pouvoir pour se conserver celui de tout dire impunément à ceux qui ne le partagent pas; habiles hypocrites, ils encensent le sacerdoce pour l'opposer à la philosophie qui les offusque; lâches écrivains, ils caressent bassement les dispositions de leurs lecteurs, en alimentant sans cesse leur sottise et leur méchanceté; vils agioteurs, ils spéculent indignement sur la détention du ressort social, sur la désorganisation générale de l'esprit public, sur la sécheresse de toutes les ames, l'oubli de tous les principes, pour encombrer de leurs horreurs le champ de la littérature, et étouffer, sous le nombre de ces herbes vénéneuses, les plantes salutaires qui voudraient s'y élever.

A moins d'un sentiment profond de ce qu'on vaut, d'un desir inextinguible de laisser quelque chose de soi, ou d'un besoin inoui d'épanchements, quel auteur d'un peu de mérite ne serait pas découragé par l'emploi et le succès constant de pareilles menées, et un état de choses qui ne laisse point apercevoir de terme à leur réussite? Qui pourrait prétendre à l'immortalité, quelqu'approvisionné qu'on puisse être pour le voyage, quand on ne peut y arriver qu'à travers une double haie de sbires, qui, armés de sanglantes lanières, vous en déchirent impitoyablement pendant toute votre route? Ne serait-ce pas payer un peu trop cher un plaisir que l'on ne goûte pas, puisque ne pouvant plus rien goûter quand ses éléments ont lieu, c'est de votre mort réelle qu'il faut payer cette vie illusoire.

Si encore quelqu'un ranimait votre courage, en prenant votre défense; et vous soutenant dans cette carrière épineuse, vous aidait à la parcourir, on pourrait peut-être parvenir à son terme; mais c'est à qui vous abandonnera sous la verge des bourreaux;

on se réjouit de votre supplice, au lieu d'y compatir ; les oreilles seules entendent vos cris, ils ne retentissent pas dans les ames ; fermées à la pitié, comme au sentiment, elles n'en éprouvent aucune pour les victimes du dernier ; et loin de les plaindre, elles applaudissent en secret ceux qui ont cassé ou terni la glace dans laquelle elles auraient pu s'apercevoir.

Implacables dans leur fureur, les journalistes répandent à flots le fiel de la satire sur un être qui ne respire qu'amour, bonté, justice, vérité, et qui, malheureux beaucoup plus, par l'absence de tous ces sentiments, n'a de crimes à se reprocher que d'avoir voulu en rétablir l'attrait dans les cœurs.

Mes premiers écrits eurent pour but la gloire des arts, et l'illustration de celui qui en a le mieux exercé le plus aimable ; il n'est sorte d'outrages que ne m'ayent prodigué les journalistes, pour ce double projet, envisagé, apparemment, par eux comme un double attentat. Me partageant ensuite entre les arts et la morale ; tout en m'occupant de la restauration des uns, je cherchai a soutenir les bases de l'autre, qui s'écroulaient de toutes parts ; nouveaux obstacles, nouveaux sarcasmes de la part des journalistes : je viens enfin de hasarder quelques réflexions sur la sécheresse et l'inconséquence des hommes, et sur le mauvais emploi qu'ils faisaient de leur temps ; et fidèles à leur système de persécution, les journalistes en poursuivent encore, à mon égard, les barbares conséquences (1).

---

(1) Et même à présent, où je viens de traiter le sujet le plus propre à me concilier leur bienveillance, puisque, pour la première fois de ma vie, j'encense le pouvoir aux pieds duquel ils passent la leur ; je n'ai pu obtenir de leur part la moindre mention honorable : la crainte qu'en me lisant là, on ne me lise ailleurs ; qu'en laissant goûter d'un de mes écrits, on ne prenne goût aux autres, chose qui leur ferait perdre en un jour le fruit de dix années de persécutions, et le salaire de douze volumes, leur a fait abandonner à mon préjudice l'intérêt de leur politique, dont, à la vérité, vu les 13 ou 1,600,000 hommes que l'on nous annonce, ils n'ont peut-être pas cette fois envisagé le soin comme très-important.

Mais un trait bien plus fort que celui-ci, et qui doit à jamais fixer le degré où ils peuvent porter l'impudeur, c'est le refus d'admission dans leurs feuilles, motivé *sur le défaut d'espace*, d'un éloge

Conçoit-on une férocité pareille !!! Voilà pourtant par quels moyens on ac-

---

funéraire de Grétry ; et ce qui est bien pour le moins aussi inconcevable que ce refus, c'est la parfaite tranquillité à cet égard du public, qui ne réclame pas contre un pareil refus, ni contre l'expression d'un pareil motif, que le lendemain ou le surlendemain détruisait ; et qui ne s'étonne ni ne s'indigne nullement de voir qu'il ne se trouve pas d'espace dans des feuilles, remplies si souvent de choses sans nul intérêt, pour les derniers cris de douleur arrachés par la mort de Grétry, à celui qui lui érigea une statue.

Au reste, il y a du courage à braver une statue, et quoique don Juan en ait déjà donné l'exemple, il n'en fallait pas moins pour la braver, que d'apathie pour ne pas s'en étonner. De part et d'autre le trait est piquant, et si d'un côté il faut tenir fortement à son affaire, de l'autre il faut tenir tout aussi fortement au sol.

Il est surtout un homme qui, sans être proprement de la confrérie, en a tellement adopté les principes et épousé la cause (qui ne saurait être autre que la sienne propre) dans cette affaire, et bien plus encore dans la dernière, où il a figuré d'une façon si opposée au rôle qu'il aurait dû y remplir, que je défie, à la vue des pièces, à l'être le moins enclin à la prévention, de ne pas l'envisager comme tout ce qu'il y a de plus vil au monde, de plus digne du mépris, dont il paraît qu'il est généralement couvert, et que je crois qu'il a mieux gagné que les places qu'il occupe.

*

quiert leur haine, et on en éternise les effets! Hé, l'on voudrait que je ne misse pas au dernier rang une espèce qui peut produire de pareils êtres, surtout quand elle n'en produit pas l'horreur dans le reste de ceux qui la composent!!! Non, non, cette lâche tiédeur m'est impossible; elle ne fait pas partie, et elle ne fera jamais partie de mon organisation; j'en préférerais cent fois la destruction.

Ennemis nés de toute délicatesse, de toute élévation d'ame, de toutes idées libérales et nobles, ils n'en tolèrent chez personne la manifestation; ils sont inexorables sur ce point: plus une victime leur paraît illustre, plus ils se hâtent de l'immoler; enfoncés dans la boue, ils veulent mettre tout le monde à leur niveau; tout ce qui porte le sceau de la grandeur est à l'instant proscrit par eux; il suffit d'une manière nouvelle pour échauffer leur bile, allumer leur courroux; semblables au chien du berger, qui ne souffre pas qu'un seul mouton s'écarte du troupeau dont il a la surveillance, ils ne permettent à aucun auteur de se détourner du troupeau dont ils se sont établis les gardiens. S'il en est un seul parmi eux d'assez hardi pour se soustraire à cette loi, en faisant quelques pas d'homme, hors du sentier des moutons, les plus sanglantes morsures deviennent à l'instant le prix de son audace, et déchiré par lambeaux à chaque infraction de ce genre, ils n'abandonnent leur proie que, lorsqu'épuisée de souffrances, ils l'ont mise dans l'impuissance de leur résister.

Voilà, mon cher, la trop véridique histoire des auteurs et des journalistes; vois, d'après cela, si l'amour de la gloire t'aiguillonne assez vivement pour te hasarder à jouer le rôle des premiers.

IDÉES GÉNÉRALES.

Je n'aperçois rien de plus propre à briser le prisme par lequel le vulgaire envisage les rois, à les faire descendre au rang des hommes, que la conduite qu'ils tiennent en ce moment envers celui qui a su s'élever si fort au-dessus des rois et des peuples ; car jamais les traces humaines n'ont été plus profondément empreintes que dans cette conduite, où tout décèle le fougueux empire des passions qui gouvernent les êtres de notre espèce, bien plus distinguée, sous ce rapport, de toutes les autres, que par tous les avantages qu'elle s'attribue sur elles.

Il ne me paraît pas facile de se jouer plus ouvertement, plus franchement que ces messieurs ne le font, de l'opinion, comme du sang des hommes. Après vingt ans des plus affreuses guerres, lancer tous les peuples d'une main forcenée au milieu des combats, quand le dieu de ces combats tient dans les siennes l'olivier ; vouer froidement à la mort tant d'êtres pour lesquels, au prix de ses immenses conquêtes, il implore depuis près de deux mois la vie ; conjurer encore son tonnerre quand il offre la perpétuité du calme, c'est absolument vouloir attirer la foudre sur leurs têtes coupables.

Si encore ce n'était qu'en pluie de sang que cette foudre tombait provisoirement sur celle des peuples ; si les victimes de la guerre, concentrées dans les champs de bataille, se réduisaient aux morts et blessés que le fatal airain, le plomb homicide et le fer sanglant renversent à l'envi, les crimes des rois perdraient beaucoup de leur énormité; n'altérant que le nombre de leurs sujets, sans altérer le bonheur des peuples (1), la voix seule des tombeaux les accuserait. Mais indépendamment de toutes les calamités générales qu'entraîne cet odieux principe, que de voix vivantes viennent se joindre à ces voix sépulcrales !!! que de torrents de larmes vont se jeter dans cette mer de sang !!!

(1) Sauf les réquisitions.

Et l'on prétend que c'est pour le bonheur des peuples que l'on travaille!!! que c'est pour leur procurer la paix que l'on provoque la plus épouvantable des guerres!!! Passe pour le but, alors, mais la route au moins n'est pas riante ; et en admettant même l'existence, et de plus la réalisation de ce but, si jamais l'application du principe que j'ai cité au duc de Raguse doit avoir lieu, j'imagine bien que c'est ici.

Quoi ! dans l'état de pénurie où se trouve la génération européenne ; quand, réduite à ses extrémités, il n'y reste plus guère que des enfants et des vieillards, on voudra nous persuader que le sacrifice de plus de 1,500,000 victimes est encore nécessaire à son bien être, et ce qu'il y a de plus propre à l'amener!!! qu'il faut de plus que toutes les familles soient dans les anxiétés ou dans les larmes pendant la durée et les suites interminables de cette horrible crise! que l'agriculture soit sans bras, le commerce sans activité, les arts et les sciences sans soutien ni véhicule! que l'horrible égoïsme, planant sur la crainte et la méfiance, étende son sceptre d'airain sur toute la surface de son affreux empire ; qu'il faut en un mot, que pour obtenir le plus chimérique des résultats (1), un fleuve de sang, coule à travers des ronces et des épines . sur un crêpe funèbre ; et c'est sur cette inconcevable base que sont établis tous les manifestes pacifiques dont on a enfoui, dit-on, jusqu'aux pavés !!! et qui semblent au moins, par cette position, se rendre la justice qu'ils méritent.

Voilà jusqu'à quel point on insulte les peuples, auxquels, par-là, on annonce clairement, accorder moins de pénétration, qu'aux êtres les plus étrangers par leur organisation aux moindres facultés intellectuelles. Ainsi ce sont des camouflets que les rois donnent à leurs sujets et à ceux de Napoléon avant de les assassiner. Voilà assurément de bien doux et de bien glorieux priviléges de la royauté, et il est tout à fait charmant de se trouver sous l'au-

---

(1) Quoi de plus douteux, en effet (abstraction faite de nos propres obstacles), qu'un résultat où l'on se dirige par de telles voies ! comment avoir plus de confiance dans son desir que dans son arrivée, placé surtout entre celui du congrès, et la lettre de l'Empereur à ses membres !

torité, ou l'influence de pareils privilégiés !

Pauvre humanité, quel est ton sort! que, même en en changeant, il ne deviendrait pas meilleur! et que, sous quelque forme que tu sois gouvernée, tant que tu ne le seras que par des hommes (sauf quelques exceptions passagères et isolées), tu sentiras bien lourdement ta chaîne, et te ressentiras bien péniblement du péché originel, ou original, comme on voudra!

J'espère qu'on ne me trouvera pas à présent si ridicule qu'on a pu le dire, et sûrement le croire, de regarder la vie comme une chose aussi incommode, qu'épouvantablement imaginée; car pour l'être même le plus distrait sur son compte, il reste tant de matière aux récriminations, que si ma manière de l'envisager est encore un tort à ses yeux, grâce aux rois européens, qui prennent bien au moins aussi chaudement ma défense que celle de Louis XVIII, ce tort doit depuis quelque temps s'être beaucoup affaibli, et les plaisanteries des journalistes sur cet article, perdant de leur piquant dans les mêmes proportions, auront, je l'espère, beaucoup moins beau jeu en cette saison, qu'on continue ou non d'en tolérer le cours.

L'Empereur disait bien dans sa longue et courageuse lutte avec les Anglais : *je soutiens* la guerre pour arriver à la paix ; alors ce but était croyable, autant que le moyen légitime ; mais il ne disait pas, comme le disent et paraissent (sans nulle honte) être prêtes à le prouver, les puissances ; *je provoque* la guerre pour faire jouir les peuples des bienfaits de la paix. Cette épouvantable subversion des choses, cette monstrueuse logique, n'étaient pas de son domaine, il n'appartenait qu'à ses illustres collègues de les ajouter aux leurs pour tacher de les agrandir.

Il semblerait, avec ces Messieurs, qu'il n'y a qu'à, entrer et prendre ; et que parce que, selon leur noble usage, ils se mettent douze contre un, il leur suffira de se montrer pour faire poser les armes à nos troupes et à leur chef. Non, non, Messieurs, sans avoir aucune espèce de relation avec le ciel, je vous prédis de nouveau que les choses ne se passeront pas ainsi ; qu'outre que nous sommes un peu mieux montés que la première fois dans nos moyens de défense, vous ne serez pas aussi bien servis dans vos moyens d'attaques, dussiez-vous faire venir jusqu'au dernier habitant de la Tartarie, ou plutôt de la Barbarie, pour dévaster de nouveau nos belles contrées, objets de vos avides desirs, de votre douce convoitise. L'Empereur, éclairé de vos lumières, a cette fois pourvu à tout; il a réorganisé l'armée et évincé les traîtres; ce qui fait, comme vous voyez, une très-grande différence dans sa position et la nôtre. Vous nous ferez beaucoup de mal à nous et aux vôtres; mais vous nous le ferez très-inutilement; car au diapason où les choses sont montées, et avec l'être surnaturel qui les a mises à cet accord, et qui nous gouverne, et qui vous a gouvernés plus d'une fois, ce que, je le sais, vous avez peine à lui passer (1), vous rencontrerez d'insurmontables obstacles à l'accomplissement de vos vues pacifiques.

C'est une route détestable que vous avez choisie pour arriver à ce but; il était bien plus simple de prendre tout bonnement

(1) Quoique, ce que vous savez de même, vous l'ayiez bien mérité.

celle que l'Empereur vous a indiquée dans sa lettre ; outre qu'elle vous y eût conduits bien plus directement, et bien plus positivement, vous y eussiez rencontré beaucoup moins d'écueils, et n'eussiez pas été obligés d'y passer sur le corps de 1,500,000 victimes de votre acharnement à vouloir la prendre.

Messieurs, faites-y bien attention, je vous avertis que vous traitez cette affaire-là beaucoup trop lestement : que vous ayiez eu une pareille idée à la sortie de Napoléon de son île, quand vous le pensiez dépourvu de tous moyens de vous résister, il n'y avoit alors qu'un manque de justice, de reconnoissance, de noblesse, de générosité! mais de persévérer dans vos projets après des entraves de la nature de celles qu'il vient d'y élever ; quand il s'est fortifié de l'ardeur de toute son armée, et de l'énergie de tout son peuple; quand il a fait de chaque homme un bastion, et de chaque lieu un rempart ; quand son génie a élevé en France contre vos armées autant d'obstacles qu'elles feraient de pas, si elles parvenoient à renverser sur un point les murs de héros qui en défendent l'entrée, ce serait par trop se jouer de la cause des peuples, et tellement manifester l'isolement dans lequel vous vous trouveriez à leur égard, qu'ils pourraient fort bien, et beaucoup plus tôt que vous ne pensez, s'isolant aussi de vous à leur tour, ou seconder les efforts de Napoléon, ou, sa lettre en mains, vous appeler à leur tribunal, pour vous sommer de vous expliquer sur ce sujet, et vous demander compte du sang que vous auriez versé depuis sa lecture (1).

Je sais bien que, rassurés sur l'habitude de l'asservissement où vous retenez vos sujets, vous vous croyez pour toujours non justiciables de ce tribunal (confiance qui pourrait cependant vous tromper), et qu'à tous risques d'ailleurs, vous auriez à produire votre fameuse base de manifestes, que vous avez ravagé le monde pour triompher de son perturbateur; mais à présent que je ne vois plus guère que les castors et les Lapons (2), qui ignorent les véritables perturbateurs, on pourrait vous objecter

---

(1) C'est une terrible pièce qu'ils auroient là contre vous.

(2) Et peut-être encore quelques taupes civilisées.

que c'était un assez mauvais moyen de prévenir un mal que de le faire ; que puisque l'Empereur, lorsque vous l'avez attaqué, était, alors, aussi fort qu'il pouvait jamais le devenir, il n'en coûtait pas davantage d'attendre la réalisation des projets que, si bénévolement, vous aviez l'obligeance de lui prêter, et que tout le contenu de sa lettre, depuis la première phrase jusqu'à la dernière (1), semblait démentir assez, pour que vous dussiez au moins lui accorder la faculté de mettre l'événement d'accord avec elle.

---

(1) Et jusqu'à l'allégorie, en tête de la feuille qui la renferme.

IDÉES PARTICULIÈRES.

Mais indépendamment que je ne vois aucunes raisons qui obligeassent l'Empereur de terminer sa vie à Fontainebleau, observai-je un jour, à Feydeau, à des gens qui paraissaient trouver fort mauvais qu'il ne se fût pas tué, et qu'il est toujours à temps de vous satisfaire sur ce point quand la chose lui paraîtra plus nécessaire et plus agréable, croyez-vous, ajoutai-je à ces amateurs du suicide, qui seraient peut-être très-peu disposés de se faire la plus légère égratignure, que sa carrière militaire soit terminée ?

Ah ! vous ne la regardez pas comme terminée ?

Non, certainement. Et ce que je ne disais alors qu'avec le découragement dans l'âme (ne croyant pas les postes si mal gardés), et plus pour soutenir l'honneur du plus beau nom attaqué, que comme l'expression d'une espérance bien forte, l'Empereur a très-heureusement pris soin de le réaliser.

C'est vraiment très-fâcheux ; je conçois qu'il eût été beaucoup plus commode que l'Empereur, en attentant à ses jours, évitât cette peine aux assassins commissionnés pour l'île d'Elbe, et complétant de cette manière l'œuvre de la trahison, donnât gain de cause à ceux, ou qui y avaient pris part, ou qui se seraient très-bien arrangés de ce résultat. Mais il paraît que le destin, qui avait sûrement encore d'autres vues sur lui, n'a pas cru devoir mettre, à cet égard, le travail de son cerveau en harmonie avec les bénignes dispositions de ces messieurs, et a cru devoir nous le conserver pour défendre les restes de notre territoire, déchaîner le génie, et nous garantir des flammes de l'inquisition, dont tout le monde n'est pas obligé d'être amateur.

Non, non, Messieurs, on ne se tue pas, quand on a encore autant à vivre; quand chacun de ses jours vaut plus que des siècles de votre façon; quand, plein des plus grandes et des plus nobles impulsions, on a un trône pour débouché.

L'Empereur est un homme colossal, hors de toutes proportions humaines, un homme immense (1); et rien ne me donnera jamais plus la mesure de l'abjection de notre espèce, que les animosités qu'il a excitées, et toutes les atrocités dont il a été l'objet. Rien ne décèle à mes yeux la bassesse de l'âme comme le peu de prise de la grandeur sur elle; il me paraît impossible, quand on ne mord pas à l'Empereur, quand on n'est nullement remué par lui, de receler aucuns sentiments nobles; et je suis tellement étayé, à cet égard, de l'expérience, qu'à bien peu d'exceptions près, je ne vois que des êtres vils ou insignifiants parmi ses ennemis, et n'en vois pas un seul pensant noblement ou conséquemment.

La vie de l'Empereur est pour moi une glace où se reflète la bassesse des hommes; plus il m'y paraît grand, plus ils m'y pa-

(1) Comme je le disais encore ce même jour, à Feydeau, à ces mêmes hommes, qui trouvèrent très-plaisant ce mot d'immense (ce qui n'est pas étonnant), et que je priai, se scandalisant beaucoup de mon enthousiasme pour un proscrit, de me permettre mon amour, puisque je souscrivais à leur haine.

raissent petits ; et sa philantropie ne pouvait pas sûrement se montrer avec plus d'éclat, et être mise à une plus rude épreuve, que de n'être alimentée que par de tels êtres, ou du moins de porter sur tant d'êtres si peu faits pour l'inspirer.

Assurément si le nectar est le prix de l'amertume, quel homme a de plus légitimes droits à ce breuvage des dieux que Napoléon, qui, par tant d'autres titres encore, mérite de siéger immortellement auprès d'eux, et d'y trouver, ainsi qu'Alcide, la récompense de ses nobles travaux, quoique, triomphateur de tant de monstres, il en ait moins terrassé que lui ?

FIN.

De l'Imprimerie de C.-F. PATRIS, rue de la Colombe, n° 4, dans la Cité.

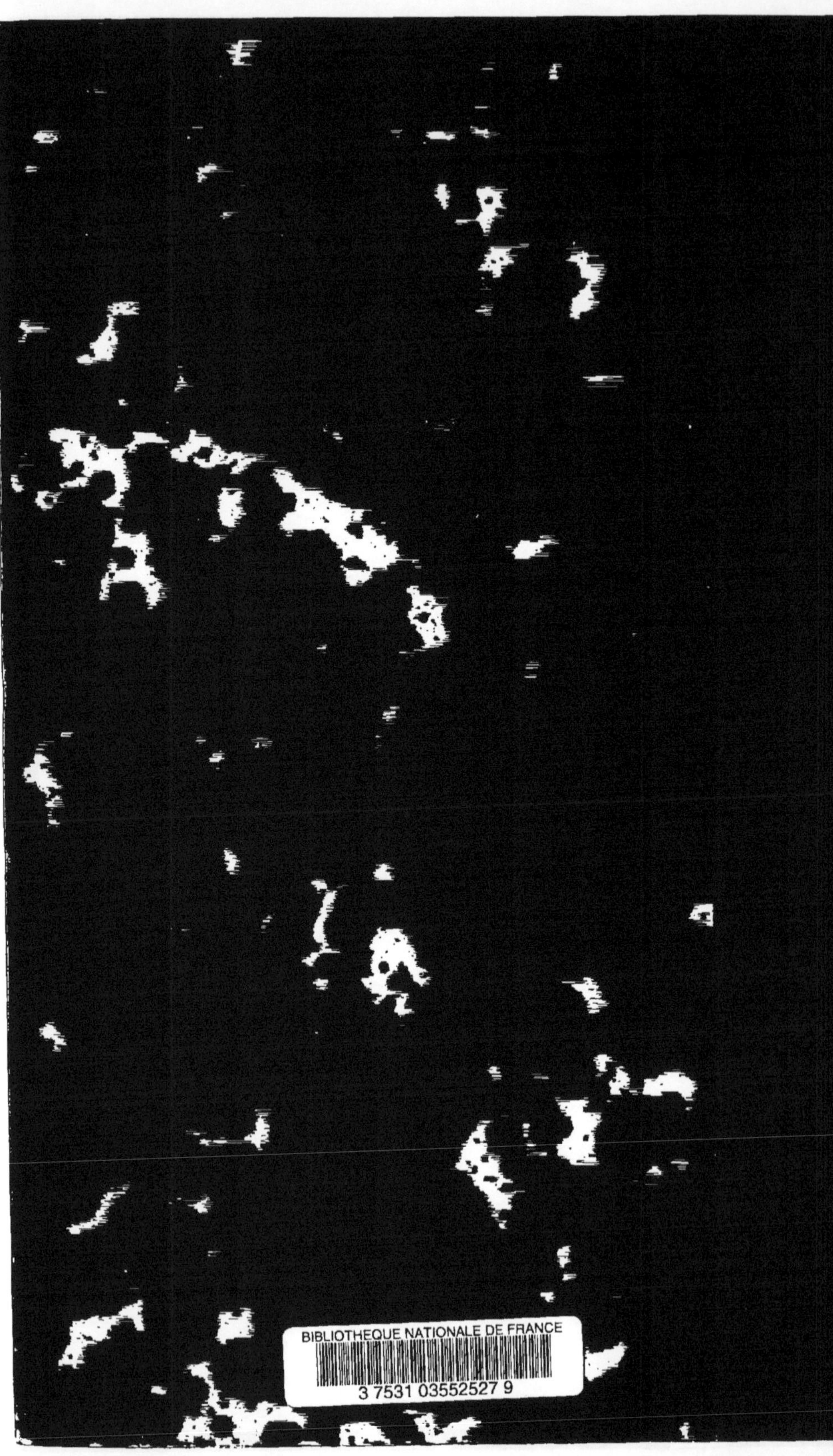

www.ingramcontent.com/pod-product-compliance
Ingram Content Group UK Ltd.
Pitfield, Milton Keynes, MK11 3LW, UK
UKHW021214230726
13926UKWH00003B/1015